Impressum
Verlag: BABADADA GmbH, Nedderfeld 112 , 22529 Hamburg
Geschäftsführer / Verlagsleitung: Harald Hof
Druck: Books on Demand GmbH, In de Tarpen 42, 22848 Norderstedt

Imprint
Publisher: BABADADA GmbH, Nedderfeld 112 , 22529 Hamburg, Germany
Managing Director / Publishing direction: Harald Hof
Print: Books on Demand GmbH, In de Tarpen 42, 22848 Norderstedt, Germany

escuela
mokykla

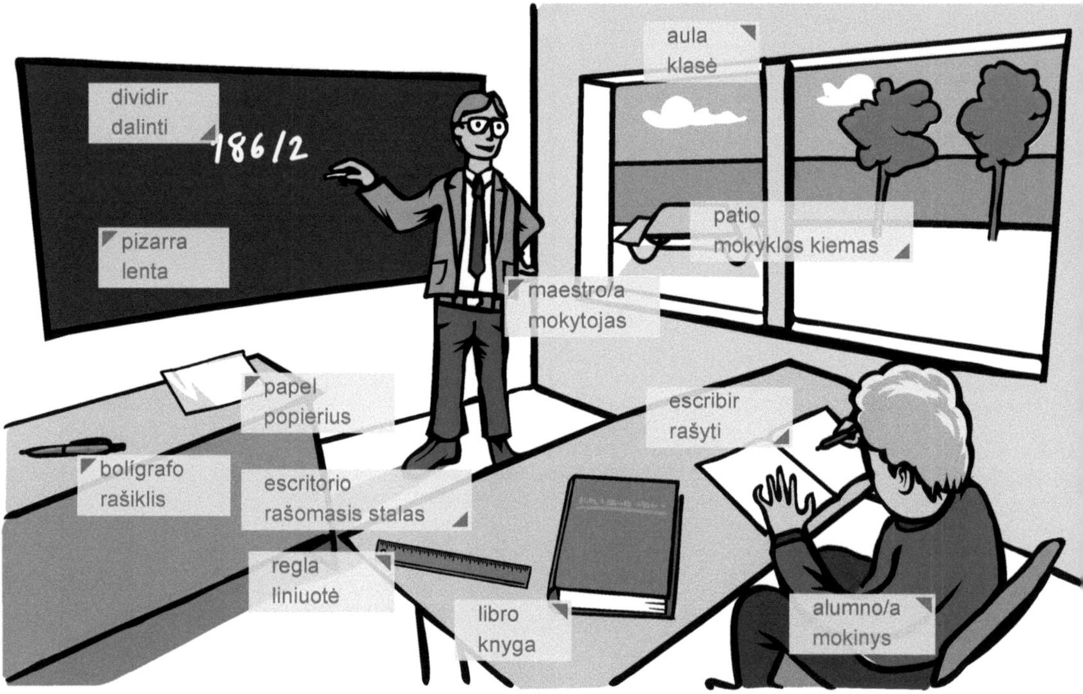

aula
klasė
dividir
dalinti
186/2
pizarra
lenta
patio
mokyklos kiemas
maestro/a
mokytojas
papel
popierius
escribir
rašyti
bolígrafo
rašiklis
escritorio
rašomasis stalas
regla
liniuotė
libro
knyga
alumno/a
mokinys

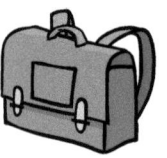

cartera
kuprinė

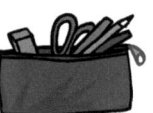

caja de lápices
penalas

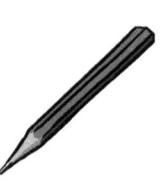

lápiz
pieštukas

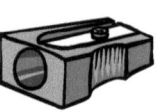

sacapuntas
drožtukas

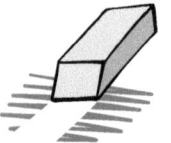

goma de borrar
trintukas

cuaderno de dibujo
piešimo bloknotas

dibujo
piešinys

pincel
teptukas

caja de pinturas
dažų dėžutė

tijeras
žirklės

pegamento
klijai

cuaderno de ejercicios
vadovėlis

deberes
namų darbai

12

número
numeris

2+2

sumar
pridėti

5-2

restar
atimti

2×2

multiplicar
dauginti

calcular
skaičiuoti

A

letra
raidė

ABCDEFG
HIJKLMN
OPQRSTU
VWXYZ

alfabeto
abėcėlė

hello

palabra
žodis

texto
tekstas

leer
skaityti

tiza
kreida

lección
pamoka

cuaderno de notas
dienynas

examen
egzaminas

certificado
pažymėjimas

uniforme escolar
mokyklinė uniforma

educación
išsilavinimas

enciclopedia
enciklopedija

universidad
universitetas

microscopio
mikroskopas

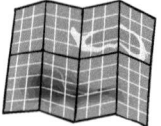

mapa
žemėlapis

papelera
šiukšliadėžė

viaje

kelionė

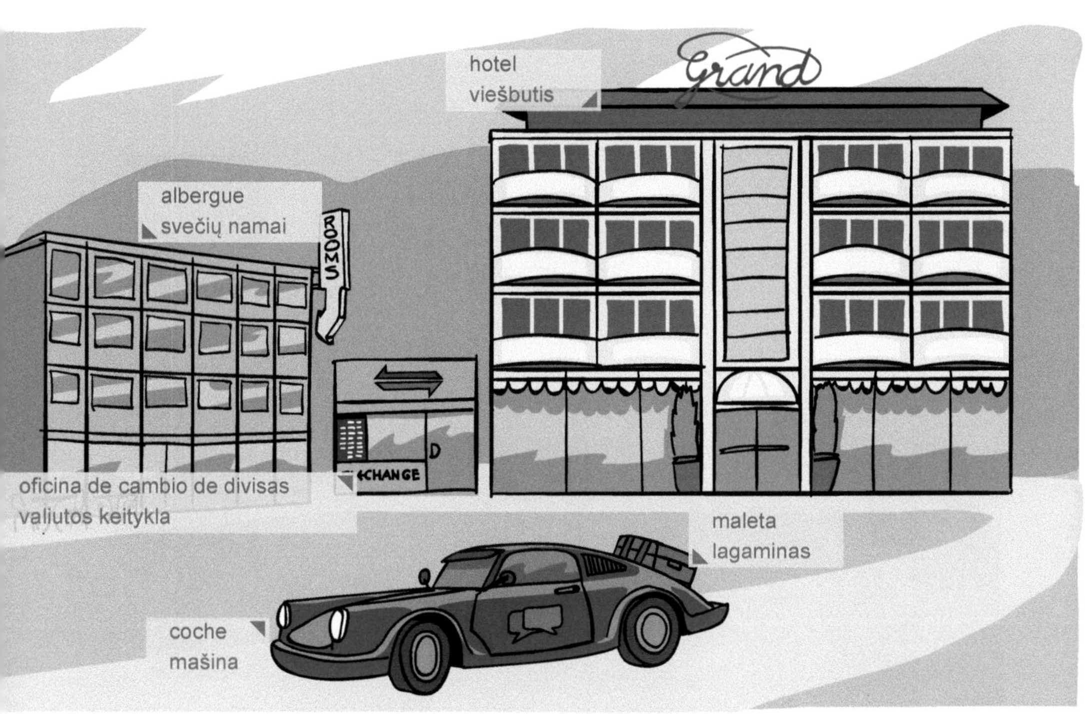
hotel
viešbutis
Grand
albergue
svečių namai
ROOMS
oficina de cambio de divisas
valiutos keitykla
CHANGE
maleta
lagaminas
coche
mašina

idioma

kalba

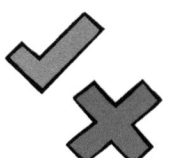

sí / no

taip / ne

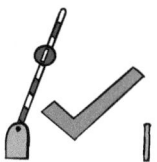

Vale

Gerai

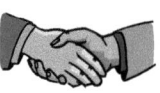

hola

sveiki

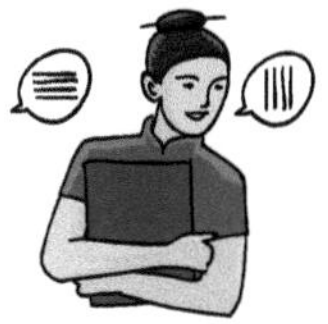

traductor

vertėjas raštu

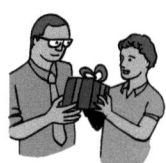

Gracias

Ačiū

¿cuánto es...?

kiek kainuoja...?

No entiendo

aš nesuprantu

problema

problema

¡Buenas tardes!

Labas vakaras!

¡Buenos días!

Labas rytas!

¡Buenas noches!

Labos nakties!

adiós

viso gero

dirección

kryptis

equipaje

bagažas

bolsa

krepšys

mochila

kuprinė

invitado

svečias

habitación

kambarys

saco de dormir

miegmaišis

tienda de campaña

palapinė

información turística
turizmo informacija

playa
paplūdimys

tarjeta de crédito
kreditinė kortelė

desayuno
pusryčiai

almuerzo
pietūs

cena
vakarienė

billete
bilietas

ascensor
liftas

sello
pašto ženklas

frontera
siena

aduana
muitinė

embajada
ambasada

visa
viza

pasaporte
pasas

transporte
transportas

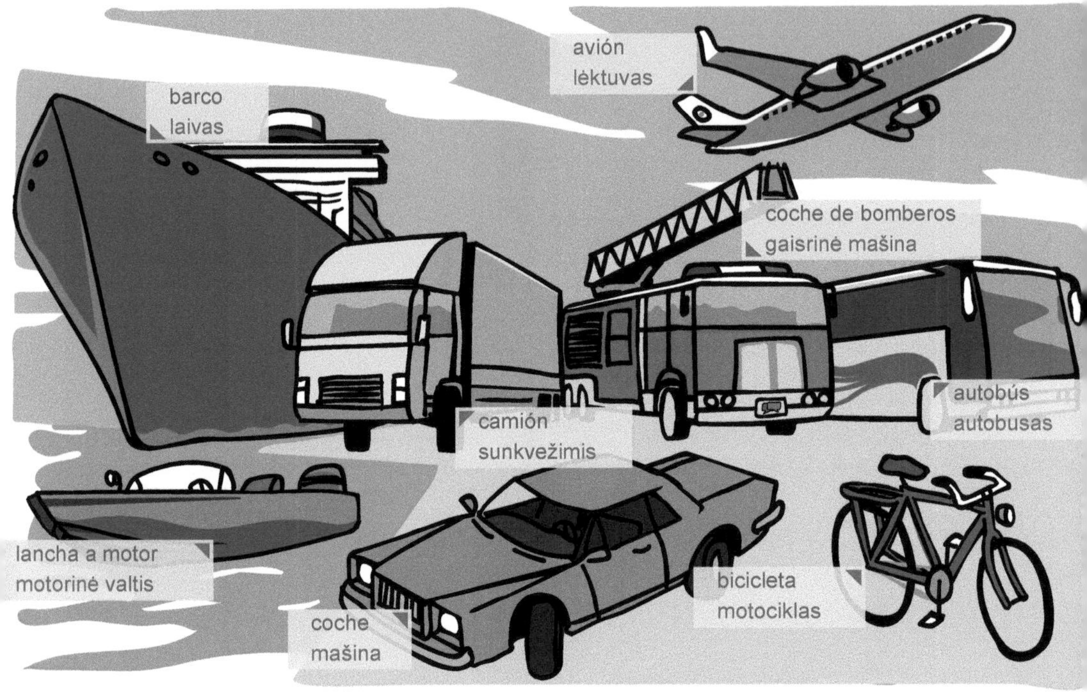
avión
lėktuvas
barco
laivas
coche de bomberos
gaisrinė mašina
autobús
autobusas
camión
sunkvežimis
lancha a motor
motorinė valtis
bicicleta
motociklas
coche
mašina

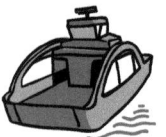

transbordador

keltas

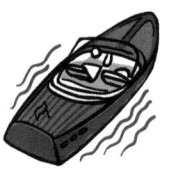

barca

valtis

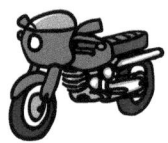

moto

mopedas

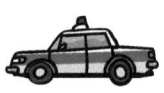

coche de policía

policijos automobilis

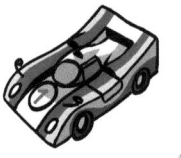

coche de carreras

lenktyninis automobilis

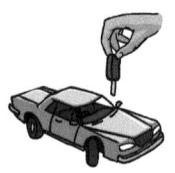

coche de alquiler

nuomojamas automobilis

préstamo de vehículos

bendras automobilio naudojimas

grúa

techninės pagalbos automobilis

camión de la basura

šiukšliavežė

motor

variklis

gasolina

degalai

gasolinera

degalinė

señal de tráfico

kelio ženklas

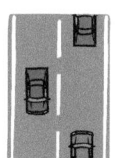

tráfico

eismas

atasco

eismo spūstis

aparcamiento

mašinų stovėjimo aikštelė

estación de tren

traukinių stotis

vías

bėgiai

tren

traukinys

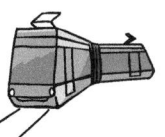

tranvía

tramvajus

vagón

vagonas

helicóptero

sraigtasparnis

aeropuerto

oro uostas

torre

bokštas

pasajero

keleivis

contenedor

konteineris

caja de cartón

dėžė

carretilla

vežimėlis

cesta

krepšys

despegar / aterrizar

pakilti / nusileisti

ciudad

miestas

pueblo

kaimas

centro de ciudad

miesto centras

casa

namas

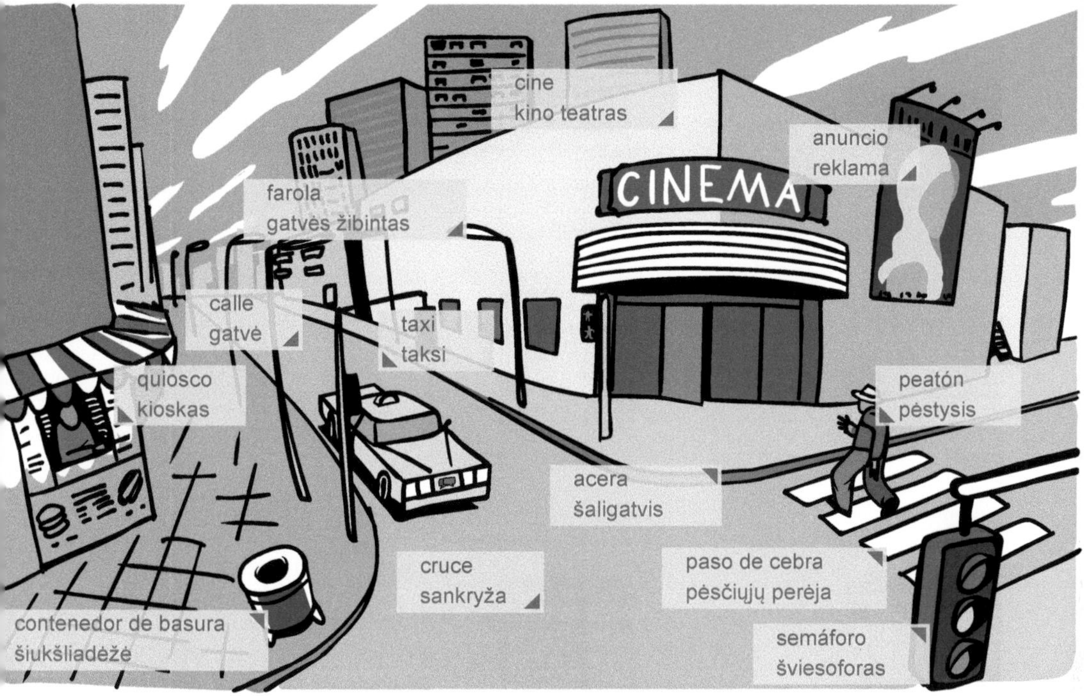

cine
kino teatras

anuncio
reklama

farola
gatvės žibintas

calle
gatvė

taxi
taksi

quiosco
kioskas

peatón
pėstysis

acera
šaligatvis

cruce
sankryža

paso de cebra
pėsčiųjų perėja

contenedor de basura
šiukšliadėžė

semáforo
šviesoforas

cabaña

trobelė

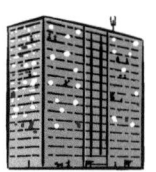

apartamento

butas

estación de tren

traukinių stotis

ayuntamiento

rotušė

museo

muziejus

escuela

mokykla

ciudad - miestas

universidad

universitetas

banco

bankas

hospital

ligoninė

hotel

viešbutis

farmacia

vaistinė

oficina

biuras

librería

knygynas

tienda

parduotuvė

floristería

gėlių parduotuvė

supermercado

prekybos centras

mercado

turgus

grandes almacenes

universalinė parduotuvė

pescadería

žuvies parduotuvė

centro comercial

prekybos centras

puerto

uostas

parque
parkas

banco
suoliukas

puente
tiltas

escaleras
laiptai

metro
metro

túnel
tunelis

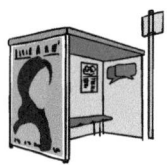

parada de autobús
autobusų stotelė

bar
baras

restaurante
restoranas

buzón
lauko pašto dėžutė

poste indicador
kelio ženklas

parquímetro
parkomatas

zoo
zoologijos sodas

piscina
baseinas

mezquita
mečetė

granja

ūkininko ūkis

contaminación

tarša

cementerio

kapinės

iglesia

bažnyčia

patio de juego

žaidimų aikštelė

templo

šventykla

paisaje
kraštovaizdis

hoja
lapas

señal
kelio rodyklė

camino
kelias

prado
pieva

piedra
akmuo

árbol
medis

excursionista
ėjikas

río
upė

hierba
žolė

flor
gėlė

valle
slėnis

colina
kalva

lago
ežeras

bosque
miškas

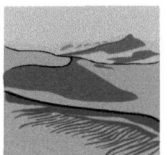

desierto
dykuma

volcán
ugnikalnis

castillo
pilis

arcoíris
vaivorykštė

champiñón
grybas

palmera
palmė

mosquito
uodas

mosca
musė

hormiga
skruzdėlė

abeja
bitė

araña
voras

escarabajo

vabalas

rana

varlė

ardilla

voverė

erizo

ežys

liebre

kiškis

lechuza

pelėda

pájaro

paukštis

cisne

gulbė

jabalí

šernas

ciervo

elnias

alce

briedis

presa

užtvanka

turbina eólica

vėjo jėgainė

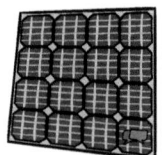

panel solar

saulės baterija

clima

klimatas

camarero
padavėjas

menú
meniu

silla
kėdė

sopa
sriuba

pizza
pica

cubertería
stalo įrankiai

mantel
staltiesė

primer plato
užkandis

plato principal
pagrindinis patiekalas

postre
desertas

bebidas
gėrimai

comida
maistas

botella
butelis

restaurante - restoranas

17

comida rápida

greitai pateikiamas maistas

comida callejera

gatvės maistas

tetera

arbatinukas

azucarero

cukrinė

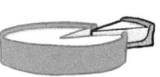

porción

porcija

cafetera expreso

espreso aparatas

trona

aukšta kėdė

cuenta

sąskaita

bandeja

padėklas

cuchillo

peilis

tenedor

šakutė

cuchara

šaukštas

cucharilla

arbatinis šaukštelis

servilleta

servetėlė

vaso

stiklinė

restaurante - restoranas

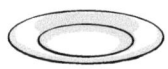

plato

lėkštė

plato hondo

sriubos lėkštė

platillo

padėklas

salsa

padažas

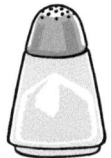

salero

druskinė

molinillo de pimienta

pipirų malūnėlis

vinagre

actas

aceite

aliejus

especias

prieskoniai

ketchup

kečupas

mostaza

garstyčios

mayonesa

majonezas

supermercado
prekybos centras

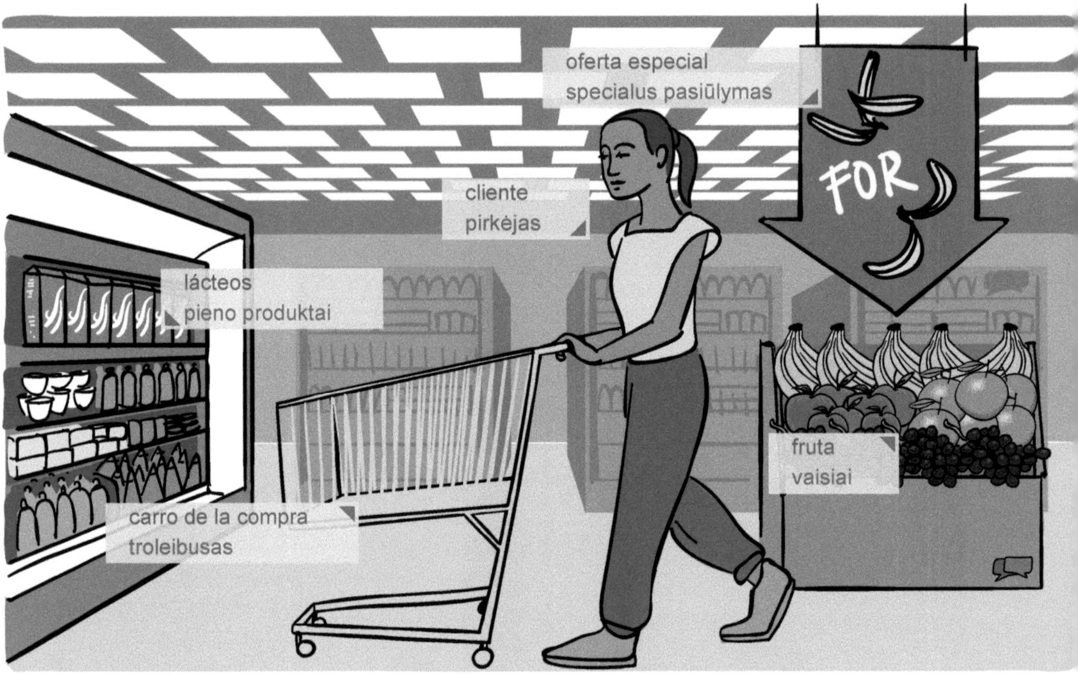

oferta especial
specialus pasiūlymas
FOR
cliente
pirkėjas
lácteos
pieno produktai
fruta
vaisiai
carro de la compra
troleibusas

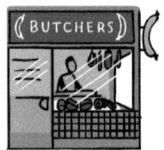

BUTCHERS

carnicería

mėsos parduotuvė

BAKERY

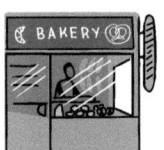

panadería

kepykla

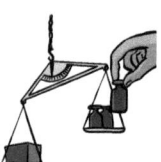

pesar

sverti

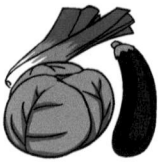

verduras

daržovės

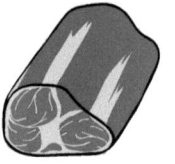

carne

mėsa

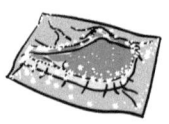

alimentos congelados

šaldytas maistas

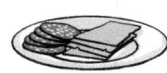

fiambres

šalti mėsos užkandžiai

conservas

konservai

detergente en polvo

skalbimo milteliai

dulces

saldumynai

productos de uso doméstico

ūkinės prekės

productos de limpieza

valymo priemonės

vendedora

pardavėja

caja

kasos aparatas

cajero

kasininkas

lista de la compra

pirkinių sąrašas

horario de atención al público

darbo valandos

cartera

piniginė

tarjeta de crédito

kreditinė kortelė

bolsa

maišelis

bolsa de plástico

plastikinis maišelis

agua

vanduo

zumo

sultys

leche

pienas

cola

kola

vino

vynas

cerveza

alus

alcohol

alkoholis

cacao

kakava

té

arbata

café

kava

expreso

espresas

capuchino

kapučinas

plátano

bananas

manzana

obuolys

naranja

apelsinas

melón

arbūzas

limón

citrina

zanahoria

morka

ajo

česnakas

bambú

bambukas

cebolla

svogūnas

champiñón

grybas

avellanas

riešutai

fideos

makaronai

espagueti

spagečiai

arroz

ryžiai

ensalada

salotos

patatas fritas

traškučiai

patatas fritas

keptos bulvės

pizza

pica

hamburguesa

mėsainis

sándwich

sumuštinis

filete

pjausnys

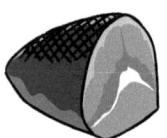

jamón

kumpis

salami

saliamis

salchicha

dešrelė

pollo

vištiena

asado

kepsnys

pescado

žuvis

copos de avena

avižų dribsniai

muesli

dribsniai su priedais

copos de maíz

kukurūzų dribsniai

harina

miltai

cruasán

prancūziškasis ragelis

panecillo

bandelė

pan

duona

tostada

skrebutis

galletas

sausainiai

mantequilla

sviestas

cuajada

varškė

pastel

tortas

huevo

kiaušinis

huevo frito

kiaušinienė

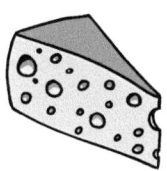

queso

sūris

helado
ledai

azúcar
cukrus

miel
medus

mermelada
uogienė

crema de turrón
tepamas šokoladas

curry
karis

granja
ūkininko ūkis

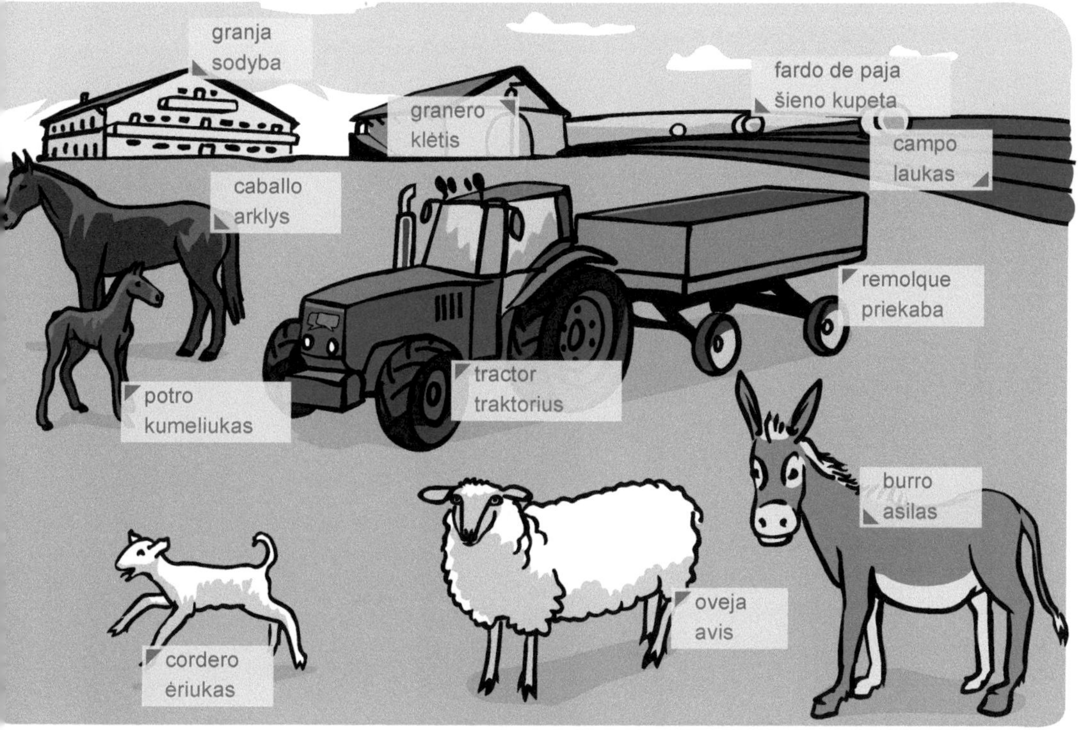
granja
sodyba
granero
klėtis
fardo de paja
šieno kupeta
campo
laukas
caballo
arklys
remolque
priekaba
tractor
traktorius
potro
kumeliukas
burro
asilas
oveja
avis
cordero
ėriukas

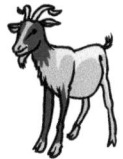

cabra

ožys

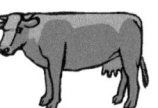

vaca

karvė

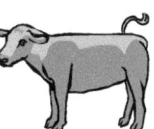

ternero

veršis

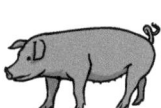

cerdo

kiaulė

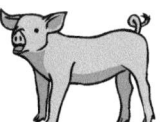

cerdito

paršelis

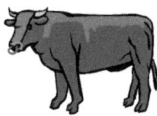

toro

bulius

ganso

žąsis

pato

antis

pollo

viščiukas

gallina

višta

gallo

gaidys

rata

žiurkė

gato

katė

ratón

pelė

buey

jautis

perro

šuo

perrera

šuns būda

manguera

sodo namas

regadera

laistytuvas

guadaña

dalgis

arado

plūgas

hoz

pjautuvas

azada

kauptukas

horca

šakės

hacha

kirvis

carretilla

statinė

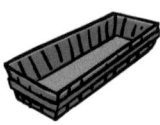

abrevadero

lovys

lechera

bidonas

saco

maišas

valla

tvora

establo

arklidė

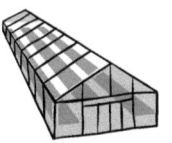

invernadero

šiltnamis

suelo

dirva

semilla

sėkla

fertilizador

trąšos

cosechadora

kombainas

cosechar

rinkti

cosecha

derlius

ñame

saldžiosios bulvės

trigo

kviečiai

soja

soja

patata

bulvė

maíz

kukurūzai

semilla de colza

rapsai

árbol frutal

vaismedis

mandioca

manijokas

cereales

grūdai

casa
namas

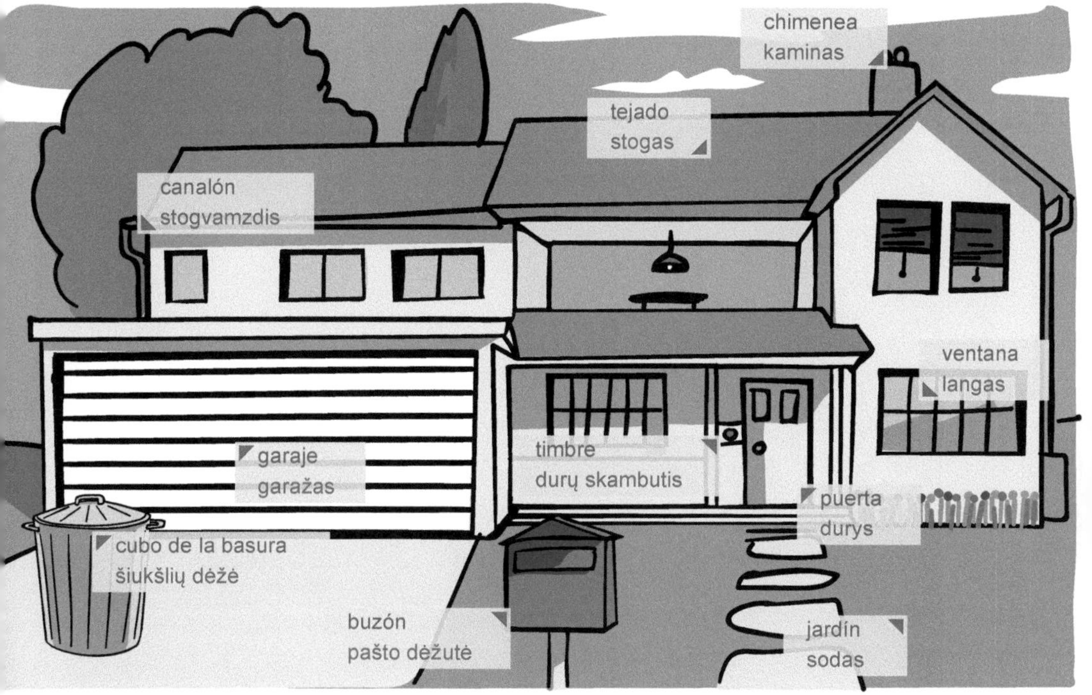
chimenea
kaminas
tejado
stogas
canalón
stogvamzdis
ventana
langas
garaje
garažas
timbre
durų skambutis
puerta
durys
cubo de la basura
šiukšlių dėžė
buzón
pašto dėžutė
jardín
sodas

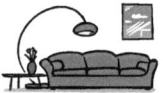

sala

svetainė

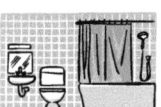

cuarto de baño

vonios kambarys

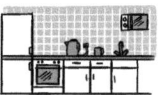

cocina

virtuvė

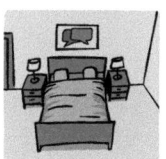

dormitorio

miegamasis

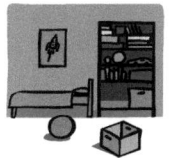

habitación de los niños

vaiko kambarys

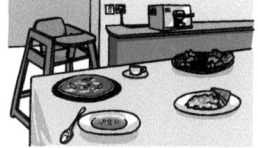

comedor

valgomasis

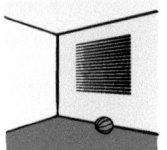

suelo
grindys

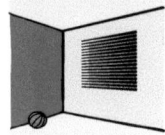

pared
siena

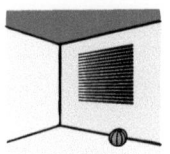

techo
lubos

sótano
rūsys

sauna
sauna

balcón
balkonas

terraza
terasa

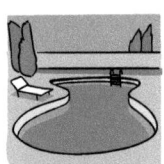

piscina
baseinas

cortacésped
žoliapjovė

sábana
paklodė

colcha
lovatiesė

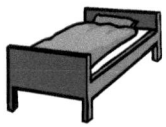

cama
lova

escoba
šluota

balde
kibiras

interruptor
jungiklis

sala
svetainė

papel pintado
tapetai
imagen
nuotrauka
lámpara
šviestuvas
estante
lentyna
armario
spintelė
televisión
televizorius
chimenea
židinys
flor
gėlė
cojín
pagalvėlė
sofá
sofa
jarrón
vaza
mando a distancia
nuotolinio valdymo pultelis

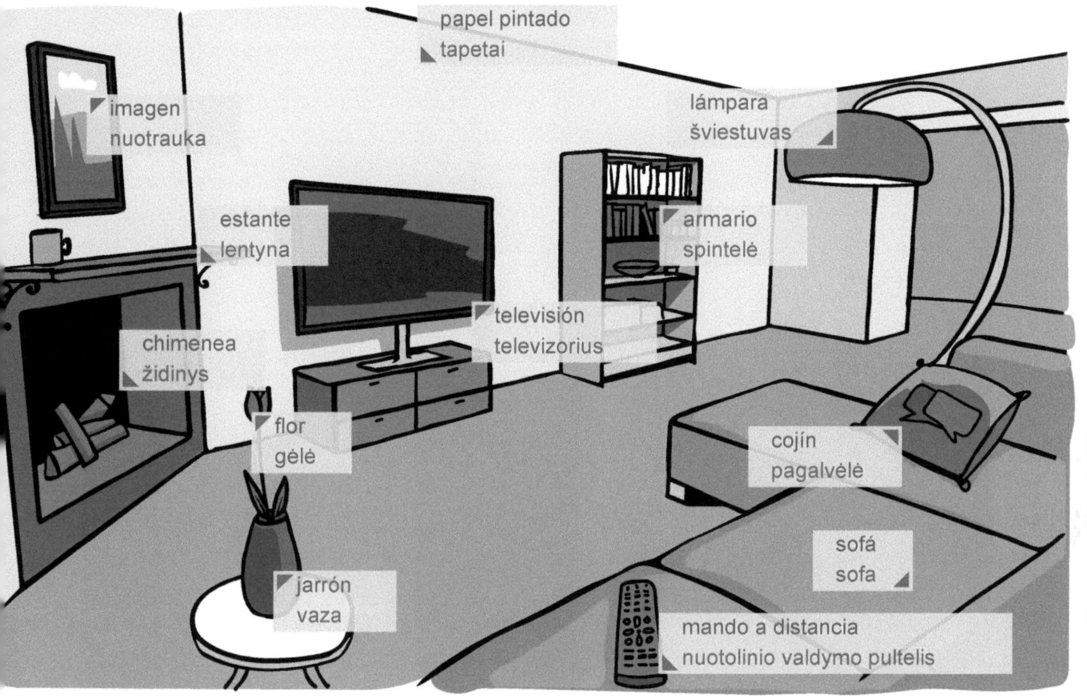

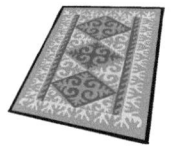

alfombra

kilimas

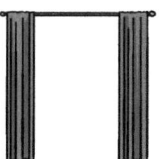

cortina

užuolaida

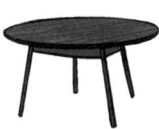

mesa

stalas

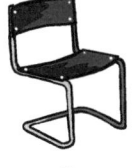

silla

kėdė

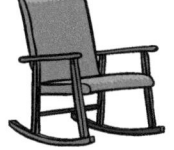

mecedora

supamasis krėslas

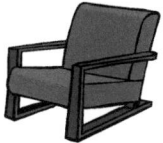

butaca

fotelis

libro

knyga

manta

antklodė

decoración

papuošimai

leña

malkos

película

filmas

equipo de música

stereo aparatūra

llave

raktas

periódico

laikraštis

pintura

paveikslas

póster

plakatas

radio

radijas

cuaderno

užrašų knygelė

aspiradora

dulkių siurblys

cactus

kaktusas

vela

žvakė

cocina
virtuvė

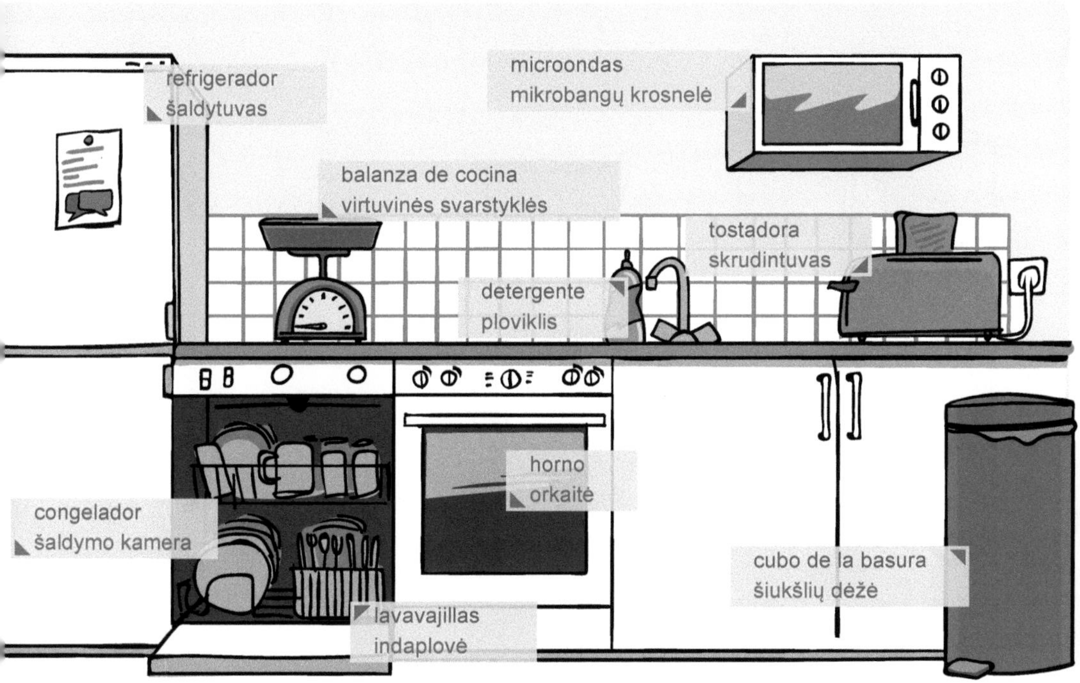

refrigerador
šaldytuvas
microondas
mikrobangų krosnelė
balanza de cocina
virtuvinės svarstyklės
tostadora
skrudintuvas
detergente
ploviklis
horno
orkaitė
congelador
šaldymo kamera
cubo de la basura
šiukšlių dėžė
lavavajillas
indaplovė

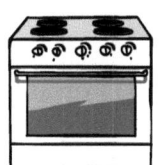

olla a presión

viryklė

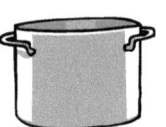

olla

puodas

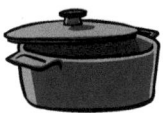

olla de hierro fundido

ketaus puodas

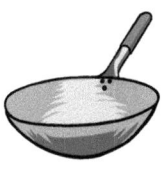

wok / karahi

„wok“ keptuvė

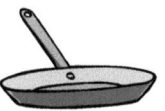

cazuela

keptuvė

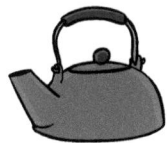

hervidor

virdulys

vaporera

garų puodas

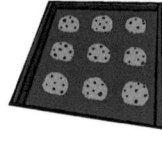

chapa de horno

kepimo skarda

vajilla

porceliano indai

taza

puodelis

tazón

dubuo

palillos

valgomosios lazdelės

cucharón

samtis

espumadera

mentelė

batidor

plaktuvas

colador

koštuvas

cedazo

sietas

rallador

trintuvė

mortero

grūstuvė

barbacoa

kepsninė

hoguera

atvira liepsna

tabla de picar
pjaustymo lentelė

rodillo
kočėlas

sacacorchos
kamščiatraukis

lata
skardinė

abrelatas
skardinių atidarytuvas

agarrador
puodkėlė

lavabo
kriauklė

cepillo
šepetys

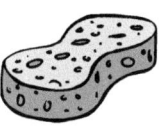

esponja
kempinė

batidora
trintuvas

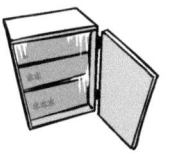

congelador
šaldiklis

biberón
kūdikių buteliukas

grifo
čiaupas

cuarto de baño
vonios kambarys

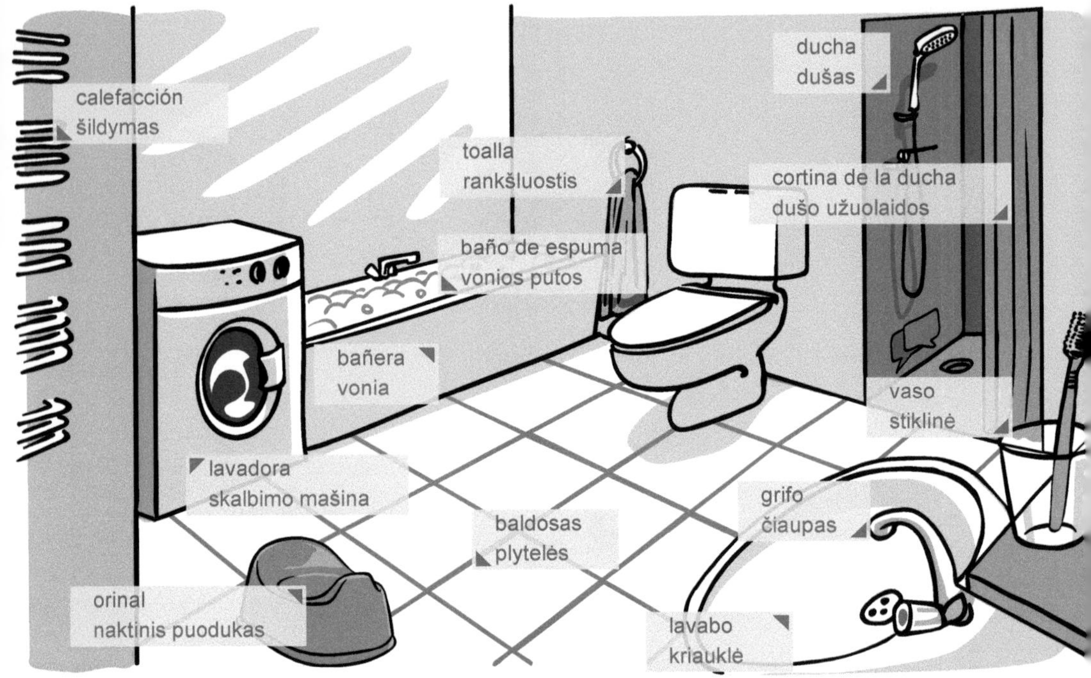

calefacción
šildymas
toalla
rankšluostis
ducha
dušas
cortina de la ducha
dušo užuolaidos
baño de espuma
vonios putos
bañera
vonia
vaso
stiklinė
lavadora
skalbimo mašina
grifo
čiaupas
baldosas
plytelės
orinal
naktinis puodukas
lavabo
kriauklė

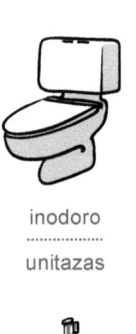

inodoro
unitazas

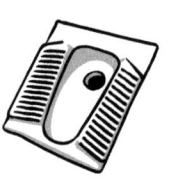

inodoro rústico
tupimasis unitazas

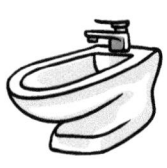

bidé
bidė

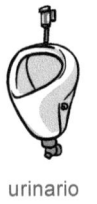

urinario
pisuaras

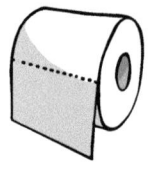

papel higiénico
tualetinis popierius

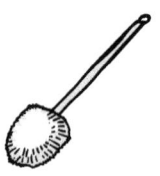

escobilla del váter
unitazo šepetys

cepillo de dientes

dantų šepetėlis

pasta de dientes

dantų pasta

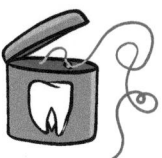

hilo dental

dantų siūlas

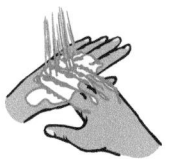

lavar

plauti

ducha de mano

dušo galvutė

ducha íntima

higieninis dušas

pila

praustuvas

cepillo de espalda

nugaros plaušinė

jabón

muilas

gel de ducha

dušo želė

champú

šampūnas

toallita

plaušinė

desagüe

kanalizacija

crema

kremas

desodorante

dezodorantas

espejo

veidrodis

espejo de tocador

veidrodėlis

maquinilla de afeitar

skustuvas

espuma de afeitar

skutimosi putos

loción postafeitado

losjonas po skutimosi

peine

šukos

cepillo

šepetys

secador

plaukų džiovintuvas

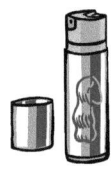

laca

plaukų lakas

maquillaje

makiažas

pintalabios

lūpdažis

pintauñas

nagų lakas

algodón

vata

cortauñas

žirklutės nagams

perfume

kvepalai

estuche de viaje

maišelis skalbiniams

banqueta

taburetė

balanza

svarstyklės

albornoz

chalatas

guantes de goma

guminės pirštinės

tampón

tamponas

compresa

higieninis įklotas

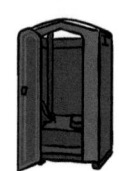

inodoro químico

biotualetas

habitación de los niños
vaiko kambarys

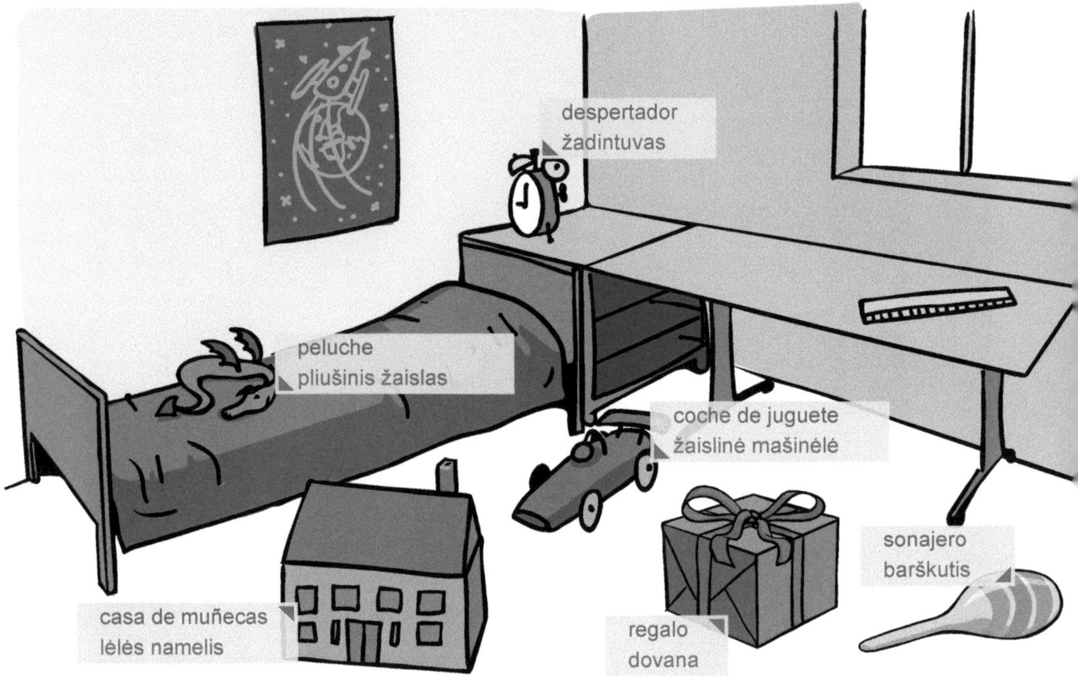
despertador
žadintuvas
peluche
pliušinis žaislas
coche de juguete
žaislinė mašinėlė
sonajero
barškutis
casa de muñecas
lėlės namelis
regalo
dovana

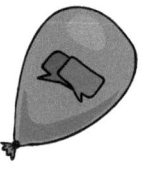

globo

balionas

cama

lova

coche de niño

vaikiškas vežimėlis

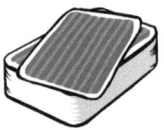

naipes

kortų malka

puzle

delionė

SUPER
MEGA

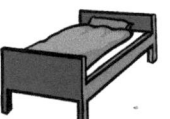

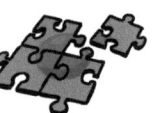

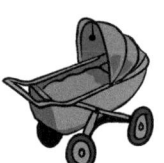

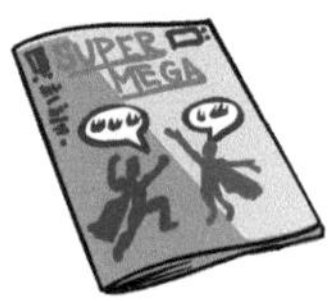

tebeo

komiksai

piezas de lego
lego kaladėlės

bloques de juguete
žaislinės kaladėlės

figura de acción
figūrėlė

bodi (de bebé)
šliaužtinukai

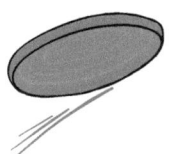

frisbee
mėtymo lėkštė

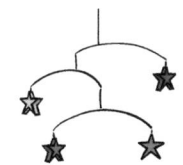

colgador móvil para bebés
karuselė

juego de mesa
stalo žaidimas

dados
kauliukai

circuito de tren eléctrico
žaislinis traukinys

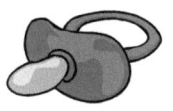

maniquí
žindukas

fiesta
vakarėlis

álbum de fotos
paveiksliukų knygelė

pelota
kamuolys

muñeca
lėlė

jugar
žaisti

cajón de arena
smėlio dėžė

columpio
sūpynės

juguetes
žaislai

videoconsola
žaidimų konsolė

triciclo
triratukas

oso de peluche
meškiukas

guardarropa
drabužių spinta

ropa
drabužis

calcetines
kojinės

medias
kojinės virš kelių

leotardos
pėdkelnės

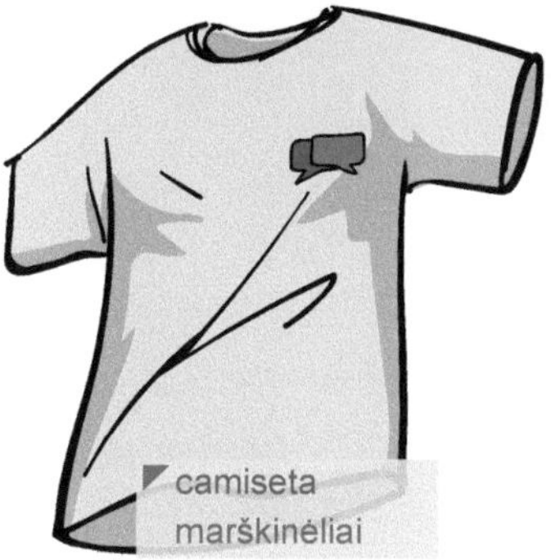

bufanda
šalikas

cinturón
diržas

paraguas
skėtis

camiseta
marškinėliai

botas
ilgaauliai batai

zapatillas
šlepetės

deportivas
sportbačiai

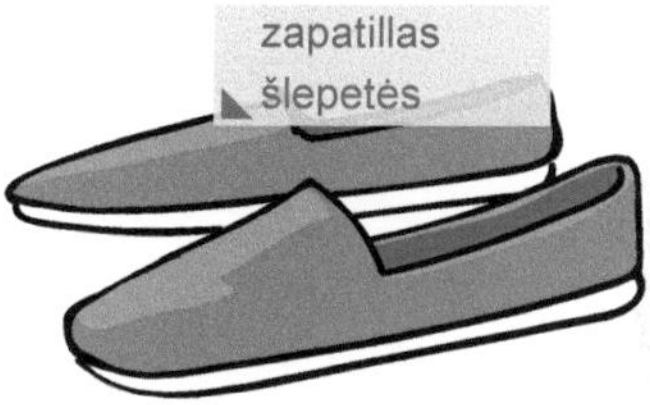

sandalias
·················
sandalai

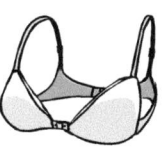

zapatos
·················
batai

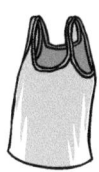

botas de goma
·················
guminiai batai

slip
·················
trumpikės

sostén
·················
liemenėlė

chaleco
·················
liemenė

bodi
glaustinukė

pantalones
kelnės

vaqueros
džinsai

falda
sijonas

blusa
palaidinė

camisa
marškiniai

jersey
megztinis

suéter
megztinis su gobtuvu

blazer
švarkelis

chaqueta
švarkas

abrigo
paltas

gabardina
lietpaltis

traje
kostiumas

vestido
suknelė

vestido de novia
vestuvinė suknelė

traje

kostiumas

camisón

naktiniai marškiniai

pijama

pižama

sari

saris

bandana

skarelė

turbante

tiurbanas

burka

burka

caftán

kaftanas

abaya

abaja

traje de baño

maudymosi kostiumėlis

bañador

glaudės

pantalones cortos

šortai

chándal

sportinis kostiumas

delantal

prijuostė

guantes

pirštinės

botón

saga

gafas

akiniai

brazalete

apyrankė

collar

vėrinys

anillo

žiedas

pendiente

auskaras

gorra

kepurė

percha

pakabas

sombrero

skrybėlė

corbata

kaklaraištis

cremallera

užtrauktukas

casco

šalmas

tirantes

breketai

uniforme escolar

mokyklinė uniforma

uniforme

uniforma

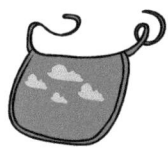

babero

seilinukas

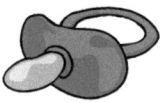

maniquí

žindukas

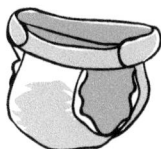

pañal

vystyklai

oficina

biuras

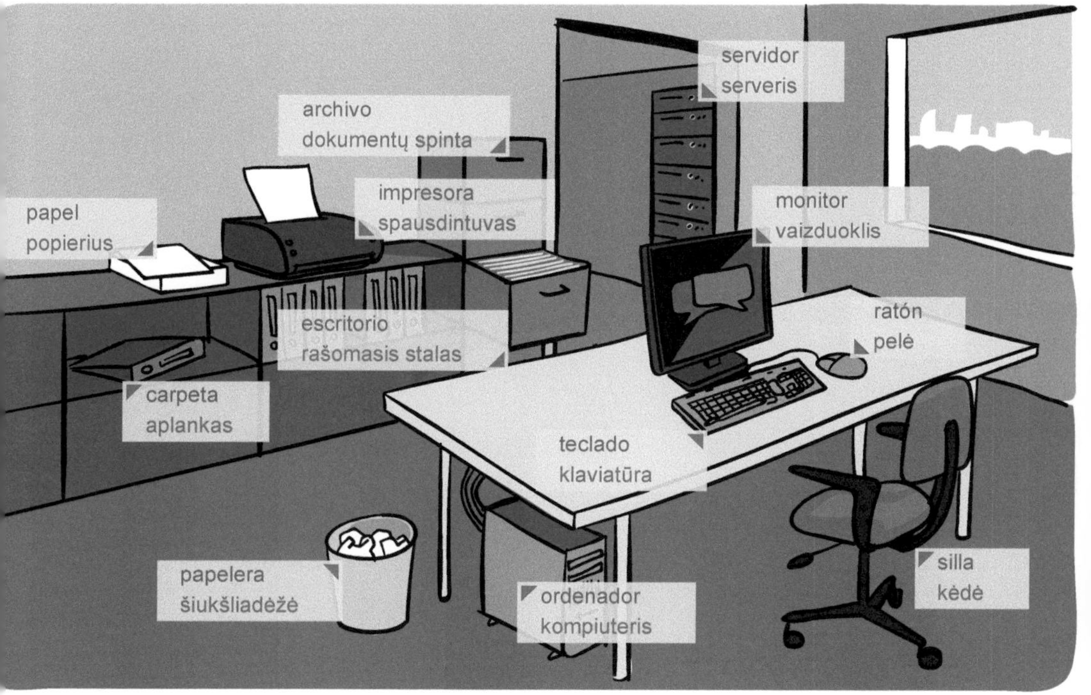

servidor
serveris
archivo
dokumentų spinta
impresora
spausdintuvas
papel
popierius
monitor
vaizduoklis
ratón
pelė
escritorio
rašomasis stalas
carpeta
aplankas
teclado
klaviatūra
papelera
šiukšliadėžė
ordenador
kompiuteris
silla
kėdė

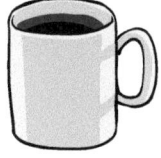

taza de café

kavos puodelis

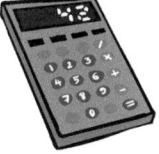

calculadora

kalkuliatorius

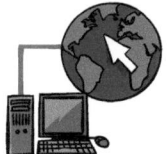

internet

internetas

portátil

nešiojamasis kompiuteris

carta

laiškas

mensaje

žinutė

móvil

mobilusis telefonas

red

tinklas

fotocopiadora

fotokopijavimo aparatas

software

programinė įranga

teléfono

telefonas

toma de corriente

kištukinis lizdas

fax

faksas

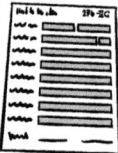

formulario

forma

documento

dokumentas

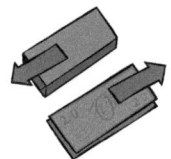

comprar

pirkti

pagar

mokėti

comerciar

prekiauti

dinero

pinigai

dólar

doleris

euro

euras

yen

jena

rublo

rublis

franco suizo

Šveicarijos frankas

renminbi yuan

juanis

rupia

rupija

cajero automático

bankomatas

oficina de cambio de divisas

valiutos keitykla

oro

auksas

plata

sidabras

petróleo

nafta

energía

energija

precio

kaina

contrato

sutartis

impuesto

mokestis

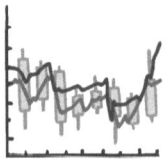

acción

akcijos

trabajar

dirbti

empleado

darbuotojas

empleador

darbdavys

fábrica

gamykla

tienda

parduotuvė

economía - ekonomika

agente de policía
policininkas

bombero
ugniagesys

cocinero
virėjas

médico
gydytojas

piloto
lakūnas

jardinero
sodininkas

carpintero
stalius

costurera
siuvėja

juez
teisėjas

farmacéutico
chemikas

actor
aktorius

conductor de autobús

autobuso vairuotojas

taxista

taksi vairuotojas

pescador

žvejys

señora de la limpieza

valytoja

techador

stogdengys

camarero

padavėjas

cazador

medžiotojas

pintor

dailininkas

panadero

kepėjas

electricista

elektrikas

obrero

statybininkas

ingeniero

inžinierius

carnicero

mėsininkas

fontanero

santechnikas

cartero

paštininkas

soldado

kareivis

arquitecto

architektas

cajero

kasininkas

florista

gėlininkas

peluquero

kirpėjas

revisor

konduktorius

mecánico

mechanikas

capitán

kapitonas

dentista

odontologas

científico

mokslininkas

rabino

rabinas

imán

imamas

monje

vienuolis

sacerdote

kunigas

herramientas
įrankiai

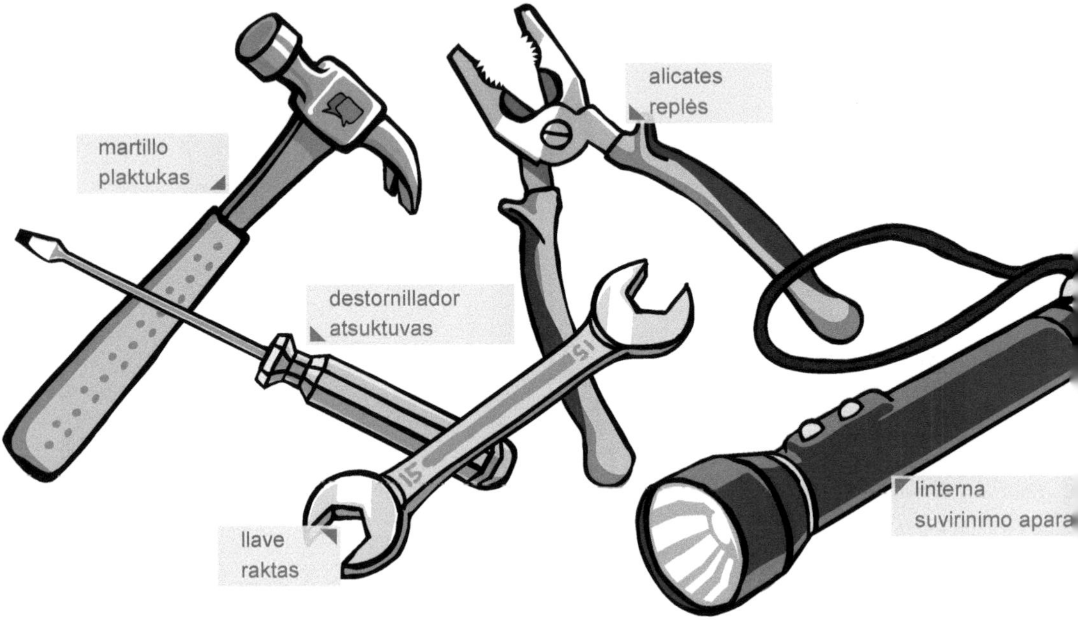
martillo
plaktukas
alicates
replės
destornillador
atsuktuvas
llave
raktas
linterna
suvirinimo apara

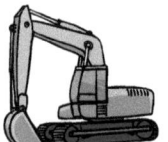

excavadora

ekskavatorius

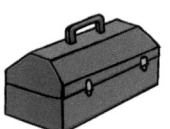

caja de herramientas

įrankių dėžė

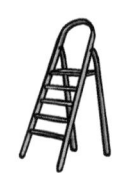

escalera de mano

kopėčios

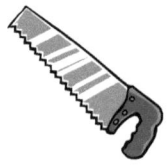

sierra

pjūklas

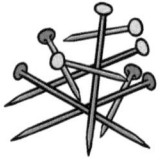

clavos

vinys

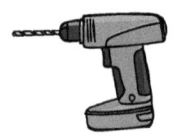

taladro

grąžtas

reparar
......
taisyti

pala
......
kastuvas

¡Maldita sea!
......
Velniava!

recogedor
......
semtuvėlis

bote de pintura
......
dažų skardinė

tornillos
......
varžtai

instrumentos musicales
muzikos instrumentai

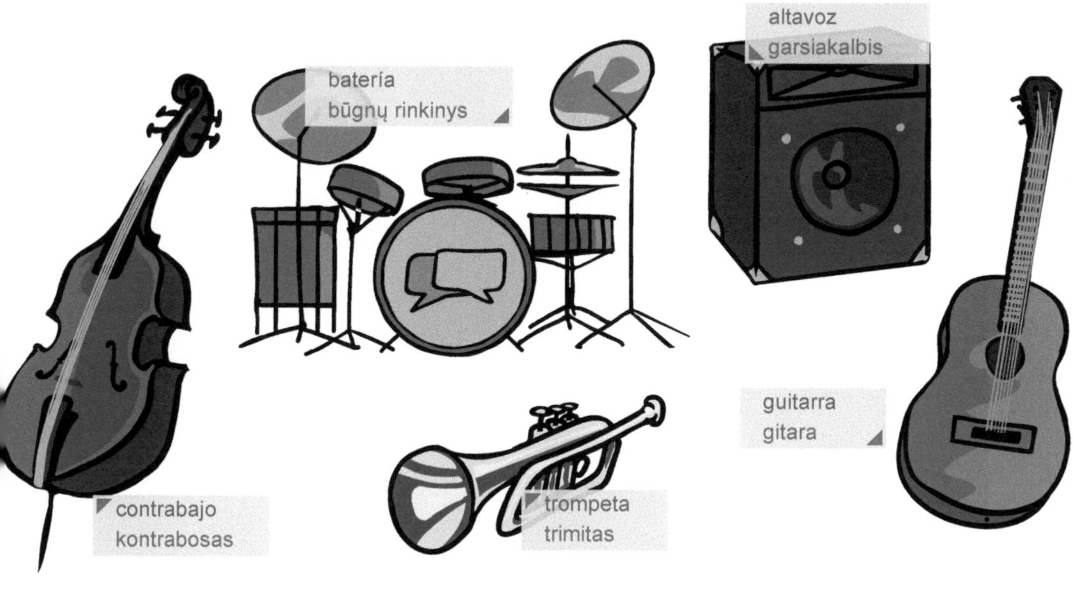

altavoz
garsiakalbis

batería
būgnų rinkinys

contrabajo
kontrabosas

trompeta
trimitas

guitarra
gitara

piano

pianinas

violín

smuikas

bajo

bosinė gitara

timbales

timpanas

tambor

būgnai

teclado

sintezatorius

saxofón

saksofonas

flauta

fleita

micrófono

mikrofonas

instrumentos musicales - muzikos instrumentai

zoo

zoologijos sodas

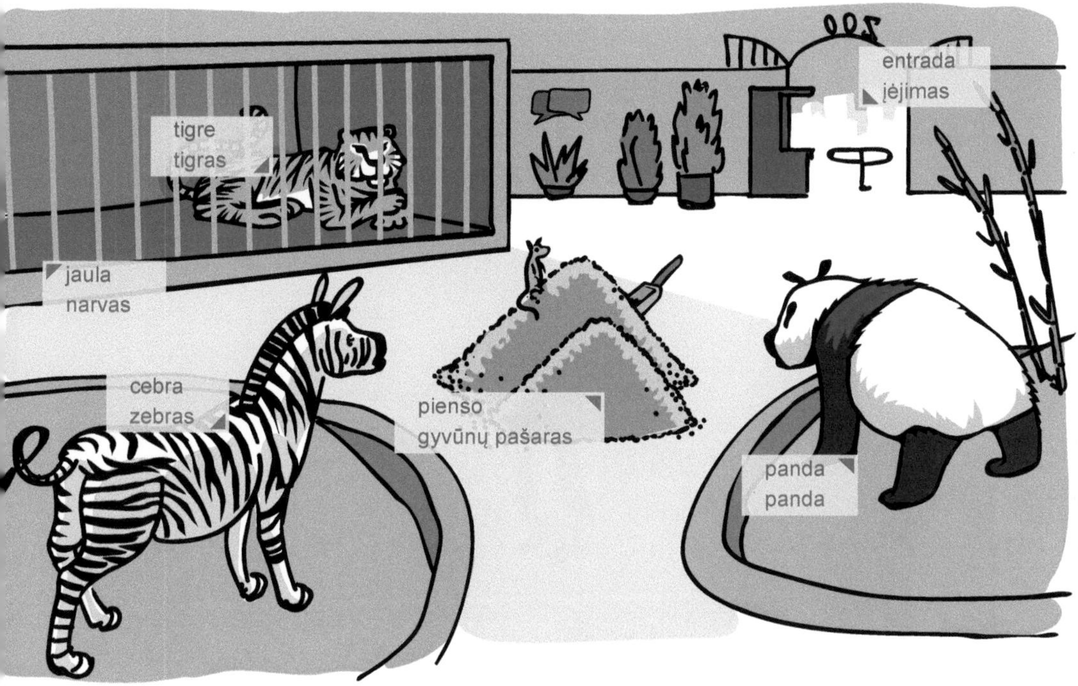

tigre
tigras
entrada
įėjimas
jaula
narvas
cebra
zebras
pienso
gyvūnų pašaras
panda
panda

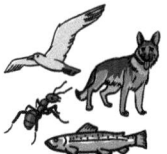

animales

gyvūnai

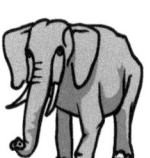

elefante

dramblys

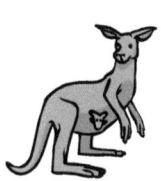

canguro

kengūra

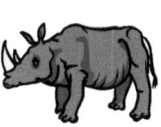

rinoceronte

raganosis

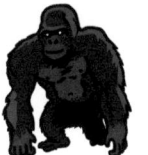

gorila

gorila

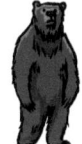

oso

meška

camello

kupranugaris

avestruz

strutis

león

liūtas

mono

beždžionė

flamingo

flamingas

loro

papūga

oso polar

baltoji meška

pingüino

pingvinas

tiburón

ryklys

pavo real

povas

serpiente

gyvatė

cocodrilo

krokodilas

guardián de zoológico

zoologijos sodo prižiūrėtojas

foca

ruonis

jaguar

jaguaras

poni
ponis

leopardo
leopardas

hipopótamo
begemotas

jirafa
žirafa

águila
erelis

jabalí
šernas

pescado
žuvis

tortuga
vėžlys

morsa
vėplys

zorro
lapė

gacela
gazelė

deportes
sportas

fútbol americano
amerikietiškas futbolas

ciclismo
dviračių sportas

tenis
tenisas

baloncesto
krepšinis

natación
plaukimas

hockey sobre hielo
ledo ritulys

boxeo
boksas

fútbol
....
futbolas

bádminton
....
badmintonas

atletismo
....
atletika

balonmano
....
rankinis

esquí
....
slidinėjimas

polo
....
polas

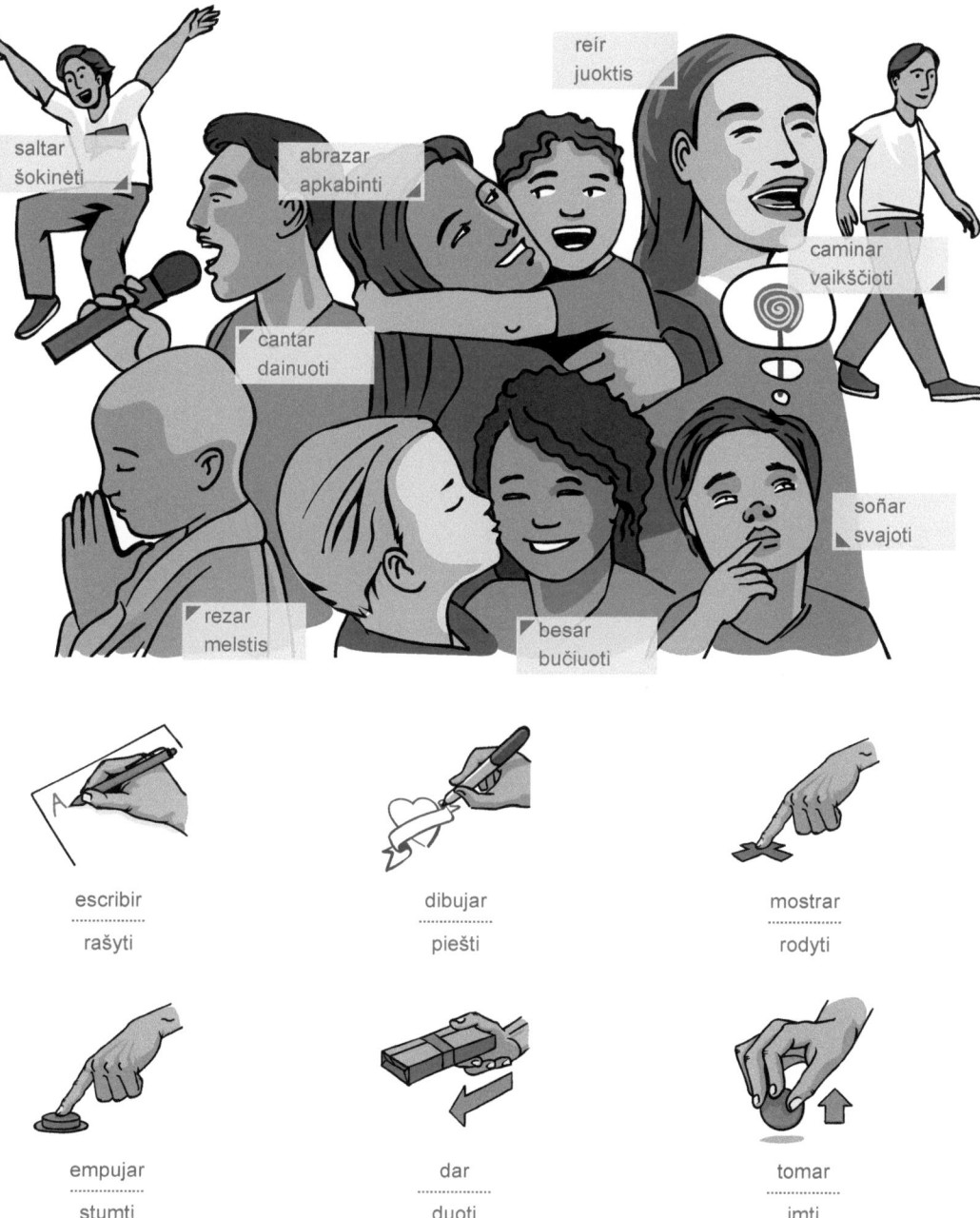

saltar
šokinėti

abrazar
apkabinti

reír
juoktis

caminar
vaikščioti

cantar
dainuoti

soñar
svajoti

rezar
melstis

besar
bučiuoti

escribir
rašyti

dibujar
piešti

mostrar
rodyti

empujar
stumti

dar
duoti

tomar
imti

tener	**hacer**	**ser**
turėti	daryti	būti

estar de pie	**correr**	**tirar**
stovėti	bėgti	traukti

tirar	**caer**	**yacer**
mesti	kristi	meluoti

esperar	**llevar**	**estar sentado**
laukti	nešti	sėdėti

vestirse	**dormir**	**despertar**
rengtis	miegoti	pabusti

actividades - užsiėmimai

mirar

žiūrėti

llorar

verkti

acariciar

glostyti

peinar

šukuoti

hablar

kalbėti

entender

suprasti

preguntar

paklausti

escuchar

klausytis

beber

gerti

comer

valgyti

ordenar

tvarkytis

amar

mylėti

cocinar

gaminti

conducir

vairuoti

volar

skristi

navegar

buriuoti

calcular

skaičiuoti

leer

skaityti

aprender

mokytis

trabajar

dirbti

casarse

vesti

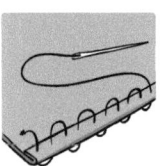

coser

siūti

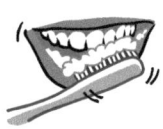

cepillarse los dientes

valytis dantis

matar

žudyti

fumar

rūkyti

enviar

siųsti

abuela
senelė

abuelo
senelis

padre
tėvas

madre
motina

bebé
kūdikis

hija
dukra

hijo
sūnus

invitado
svečias

tía
teta

tío
dėdė

hermano
brolis

hermana
sesuo

cuerpo
kūnas

frente
kakta
ojo
akis
hombro
petys
dedo
pirštas
cara
veidas
barbilla
smakras
mano
plaštaka
pierna
koja
pecho
krūtinė
brazo
ranka

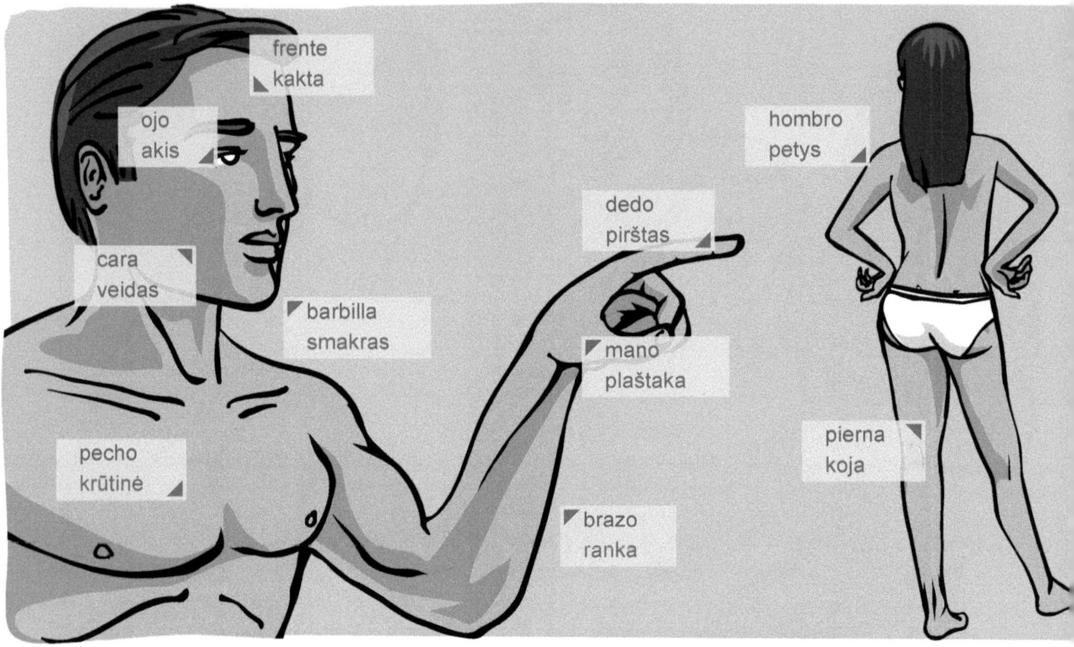

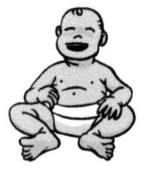

bebé
kūdikis

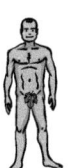

hombre
vyras

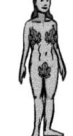

mujer
moteris

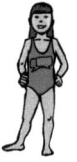

chica
mergaitė

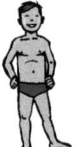

chico
berniukas

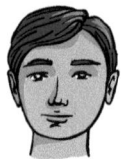

cabeza
galva

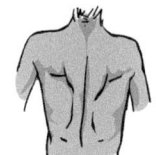

espalda

nugara

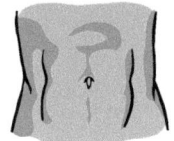

vientre

pilvas

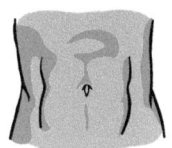

ombligo

bamba

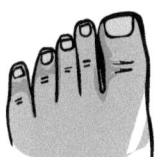

dedo del pie

kojos pirštas

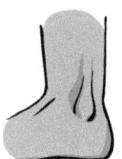

talón

kulnas

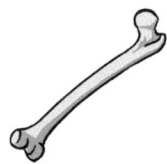

hueso

kaulas

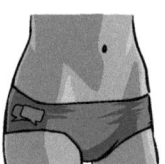

cadera

klubas

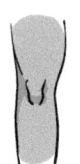

rodilla

kelis

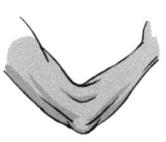

codo

alkūnė

nariz

nosis

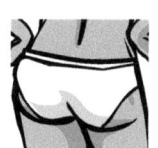

trasero

sėdmenys

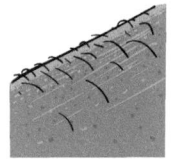

piel

oda

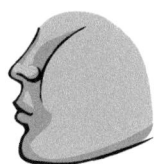

mejilla

skruostas

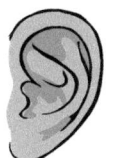

oído

ausis

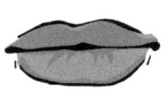

labio

lūpa

boca

burna

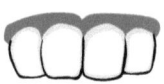

diente

dantis

lengua

liežuvis

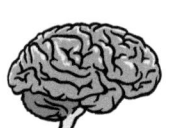

cerebro

smegenys

corazón

širdis

músculo

raumuo

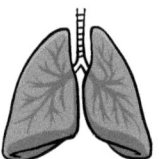

pulmón

plaučiai

hígado

kepenys

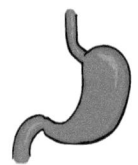

estómago

skrandis

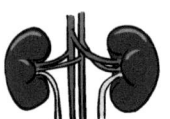

riñones

inkstai

sexo

seksas

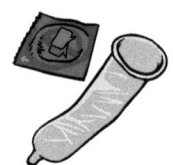

condón

prezervatyvas

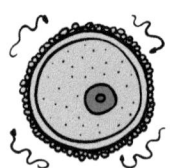

ovario

kiaušialąstė

semen

sperma

embarazo

nėštumas

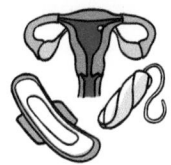

menstruación

menstruacijos

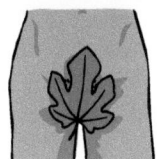

vagina

makštis

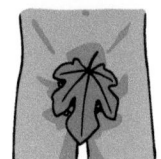

pene

varpa

ceja

antakis

pelo

plaukai

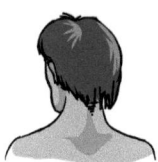

cuello

kaklas

hospital
ligoninė

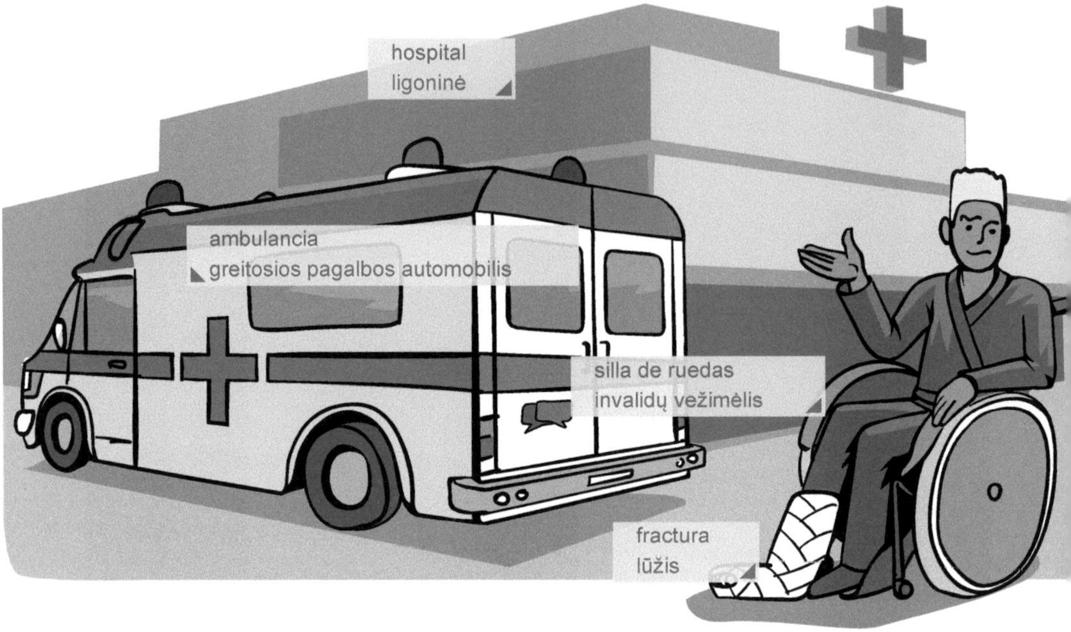

hospital
ligoninė
ambulancia
greitosios pagalbos automobilis
silla de ruedas
invalidų vežimėlis
fractura
lūžis

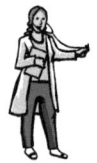

médico

gydytojas

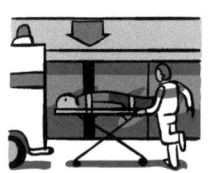

sala de urgencias

skubios pagalbos skyrius

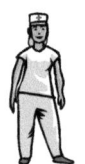

enfermera

slaugytoja

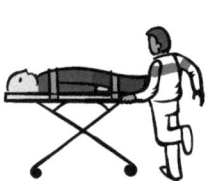

urgencia

nelaimingas atsitikimas

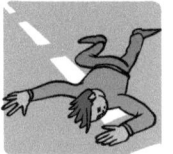

inconsciente

be sąmonės

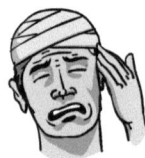

dolor

skausmas

lesión

sužalojimas

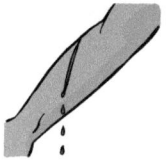

hemorragia

kraujavimas

infarto

širdies smūgis

ictus

insultas

alergia

alergija

tos

kosulys

fiebre

karščiavimas

gripe

gripas

diarrea

viduriavimas

dolor de cabeza

galvos skausmas

cáncer

vėžys

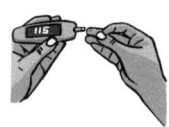

diabetes

diabetas

cirujano

chirurgas

bisturí

skalpelis

operación

operacija

TAC
KT

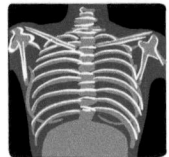

rayos x
rentgenas

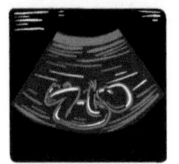

ultrasonido
ultragarsas

mascarilla
veido kaukė

enfermedad
liga

sala de espera
laukiamasis

muleta
ramentas

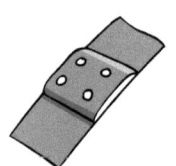

tirita
gipsas

venda
tvarstis

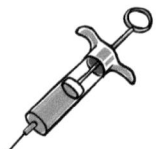

inyección
injekcija

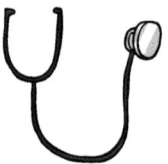

estetoscopio
stetoskopas

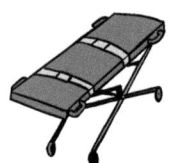

camilla
neštuvai

termómetro
termometras

nacimiento
gimimas

sobrepeso
antsvoris

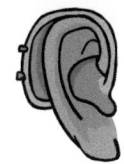

audífono

klausos aparatas

desinfectante

dezinfekavimo priemonė

infección

infekcija

virus

virusas

VIH / SIDA

ŽIV / AIDS

medicina

vaistas

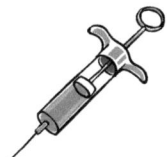

vacunación

skiepijimas

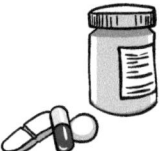

tabletas

tabletės

pastilla

piliulė

llamada de urgencia

skubios pagalbos numeris

tensiómetro

kraujospūdžio matuoklis

enfermo / sano

ligotas / sveikas

¡Socorro!

Padėkite!

alarma

pavojaus signalas

asalto

užpuolimas

ataque

ataka

peligro

pavojus

salida de emergencia

avarinis išėjimas

¡Fuego!

Gaisras!

extintor de incendios

gesintuvas

accidente

nelaimingas atsitikimas

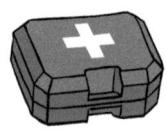

botiquín de primeros auxilios

pirmosios pagalbos rinkinys

SOS

SOS

policía

policija

Europa

Europa

Norteamérica

Šiaurės Amerika

Sudamérica

Pietų Amerika

África

Afrika

Asia

Azija

Australia

Australija

Atlántico

Atlanto vandenynas

Pacífico

Ramusis vandenynas

Océano Índico

Indijos vandenynas

Océano Antártico

Pietų vandenynas

Océano Ártico

Arkties vandenynas

polo norte

Šiaurės ašigalis

polo sur

Pietų ašigalis

Antártida

Antarktida

tierra

Žemė

tierra

sausuma

mar

jūra

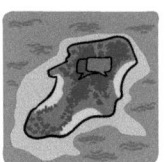

isla

sala

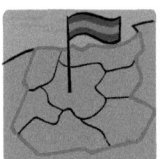

nación

tauta

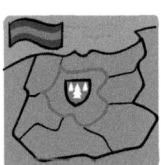

estado

valstybė

esfera

ciferblatas

manecilla de las horas

valandinė rodyklė

minutero

minutinė rodyklė

segundero

sekundinė rodyklė

¿Qué hora es?

Kiek valandų?

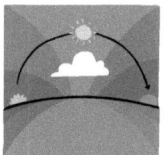

día

diena

tiempo

laikas

ahora

dabar

reloj digital

skaitmeninis laikrodis

minuto

minutė

hora

valanda

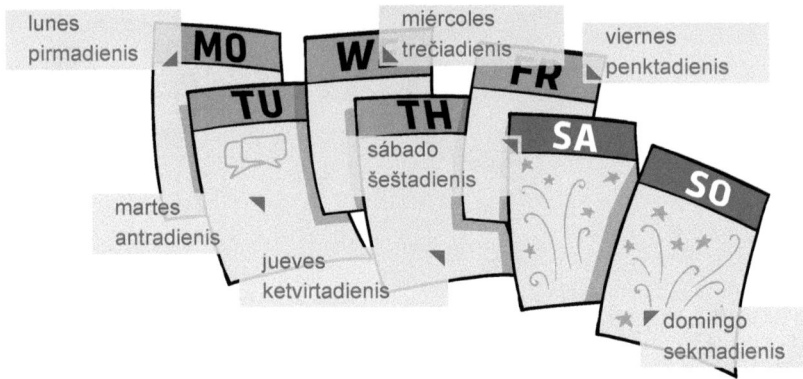

lunes / pirmadienis
martes / antradienis
miércoles / trečiadienis
jueves / ketvirtadienis
viernes / penktadienis
sábado / šeštadienis
domingo / sekmadienis

ayer
vakar

hoy
šiandien

mañana
rytoj

mañana
rytas

mediodía
vidurdienis

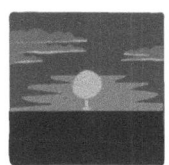

tarde
vakaras

días laborables
darbo dienos

fin de semana
savaitgalis

año
metai

lluvia
lietus
arcoíris
vaivorykštė
nieve
sniegas
viento
vėjas
primavera
pavasaris
otoño
ruduo
verano
vasara
invierno
žiema

4.APRIL 11°
5.APRIL 4°
6.APRIL 13°
7.APRIL 8°
8.APRIL 10°

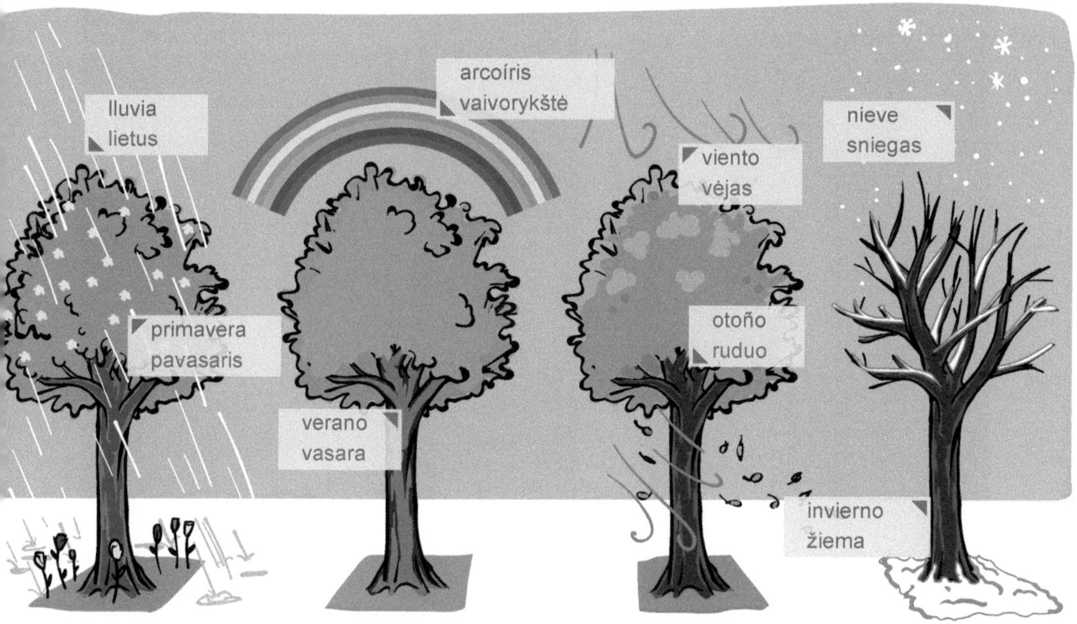

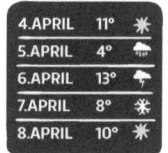

pronóstico del tiempo

orų prognozė

F C

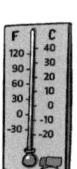

termómetro

lauko termometras

sol

saulės šviesa

nube

debesis

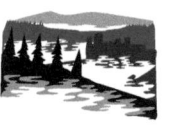

niebla

rūkas

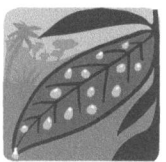

humedad

drėgmė

rayo

žaibas

trueno

griaustinis

tormenta

audra

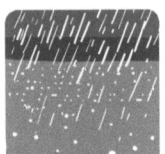

granizo

kruša

monzón

musonas

inundación

potvynis

hielo

ledas

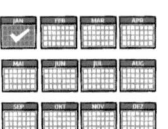

enero

sausis

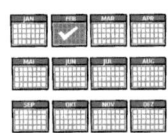

febrero

vasaris

marzo

kovas

abril

balandis

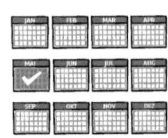

mayo

gegužė

junio

birželis

julio

liepa

agosto

rugpjūtis

septiembre
rugsėjis

octubre
spalis

noviembre
lapkritis

diciembre
gruodis

formas
formos

círculo
apskritimas

cuadrado
kvadratas

rectángulo
stačiakampis

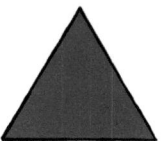

triángulo
trikampis

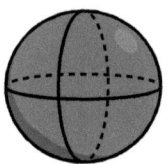

esfera
sfera

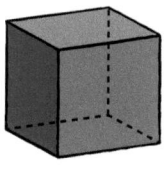

cubo
kubas

blanco

balta

amarillo

geltona

anaranjado

oranžinė

rosa

rožinė

rojo

raudona

morado

violetinė

azul

mėlyna

verde

žalia

marrón

ruda

gris

pilka

negro

juoda

mucho / poco

daug / mažai

enojado / tranquilo

piktas / ramus

bonito / feo

gražus / bjaurus

principio / fin

pradžia / pabaiga

grande / pequeño

didelis / mažas

claro / oscuro

šviesus / tamsus

hermano / hermana

brolis / sesuo

limpio / sucio

švarus / purvinas

completo / incompleto

užbaigtas / neužbaigtas

día / noche

diena / naktis

muerto / vivo

miręs / gyvas

ancho / estrecho

platus / siauras

comestible / no comestible

valgomas / nevalgomas

malo / amable

piktas / malonus

entusiasmado / aburrido

linksmas / nuobodus

gordo / delgado

storas / plonas

primero / último

pirmiausia / paskiausia

amigo / enemigo

draugas / priešas

lleno / vacío

pilnas / tuščias

duro / blando

kietas / minkštas

pesado / ligero

sunkus / lengvas

hambre / sed

alkis / troškulys

enfermo / sano

ligotas / sveikas

ilegal / legal

nelegalus / legalus

inteligente / tonto

protingas / kvailas

izquierda / derecha

kairė / dešinė

cerca / lejos

arti / toli

opuestos - priešingos reikšmės žodžiai

nuevo / usado

naujas / naudotas

nada / algo

niekas / kažkas

viejo / joven

senas / jaunas

encendido / apagado

įjungta / išjungta

abierto / cerrado

atidaryta / uždaryta

silencioso / ruidoso

tylus / garsus

rico / pobre

turtingas / vargšas

correcto / incorrecto

teisus / neteisus

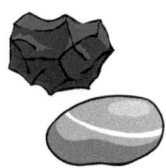

áspero / suave

šiurkštus / švelnus

triste / contento

liūdnas / laimingas

corto / largo

trumpas / ilgas

lento / rápido

lėtas / greitas

húmedo / seco

drėgnas / sausas

cálido / frío

šiltas / šaltas

guerra / paz

karas / taika

0

cero

nulis

1

uno

vienas

2

dos

du

3

tres

trys

4

cuatro

keturi

5

cinco

penki

6

seis

šeši

7

siete

septyni

8

ocho

aštuoni

9

nueve

devyni

10

diez

dešimt

11

once

vienuolika

12
doce

dvylika

13
trece

trylika

14
catorce

keturiolika

15
quince

penkiolika

16
dieciséis

šešiolika

17
diecisiete

septyniolika

18
dieciocho

aštuoniolika

19
diecinueve

devyniolika

20
veinte

dvidešimt

100
cien

šimtas

1.000
mil

tūkstantis

1.000.000
millón

milijonas

inglés

anglų

inglés americano

amerikiečių anglų

chino mandarín

kinų (mandarinų)

hindi

hindi

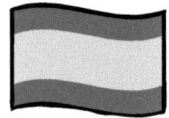

español

ispanų

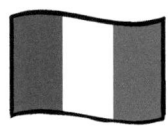

francés

prancūzų

árabe

arabų

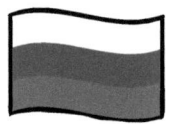

ruso

rusų

portugués

portugalų

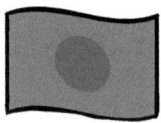

bengalí

bengalų

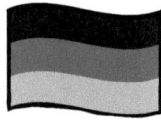

alemán

vokiečių

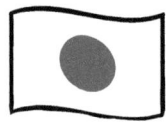

japonés

japonų

yo

aš

tú

tu

él / ella / ello

jis / ji

nosotros/as

mes

vosotros/as

jūs

ellos/as

jie

¿quién?

kas?

¿qué?

ką?

¿cómo?

kaip?

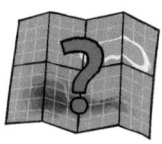

¿dónde?

kur?

¿cuándo?

kada?

nombre

vardas

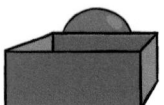

detrás

už

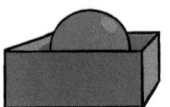

en

kur (vieta)

delante de

priešais

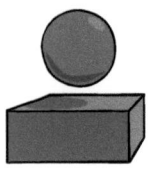

por encima de

virš

sobre

ant

debajo de

po

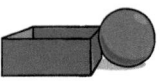

junto a

prie

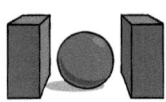

entre

tarp

lugar

vieta